EL MAGNETISMO

KATHLEEN CONNORS

TRADUCIDO POR ALBERTO JIMÉNEZ

Gareth Stevens
PUBLISHING

T0027229

ENCONTEXTO

Please visit our website, www.garethstevens.com. For a free color catalog of all our high-quality books, call toll free 1-800-542-2595 or fax 1-877-542-2596.

Cataloging-in-Publication Data

Names: Connors, Kathleen.
Title: El magnetismo / Kathleen Connors.
Description: New York : Gareth Stevens Publishing, 2019. | Series: Conoce las ciencias físicas | Includes glossary and index.
Identifiers: LCCN ISBN 9781538227824 (pbk.) | ISBN 9781538227817 (library bound) | ISBN 9781538227831 (6 pack)
Subjects: LCSH: Magnetism--Juvenile literature. | Magnets--Juvenile literature.
Classification: LCC QC757.5 C66 2019 | DDC 538--dc23

First Edition

Published in 2019 by
Gareth Stevens Publishing
111 East 14th Street, Suite 349
New York, NY 10003

Copyright © 2019 Gareth Stevens Publishing

Translator: Alberto Jiménez
Editorial Director, Spanish: Nathalie Beullens-Maoui
Designer: Samantha DeMartin
Editor, Spanish: María Cristina Brusca

Photo credits: Series art Creative Mood/Shutterstock.com; cover, p. 1 helenos/Shutterstock.com; p. 5 snapgalleria/Shutterstock.com; p. 7 (inset) Aleksandr Pobedimskiy/Shutterstock.com; p. 7 (main) Awe Inspiring Images/Shutterstock.com; p. 9 Africa Studio/Shutterstock.com; p. 11 Rvector/Shutterstock.com; p. 15 Milagli/Shutterstock.com; p. 17 Kenneth Dedeu/ Shutterstock.com; p. 19 Weston/Shutterstock.com; p. 21 shooarts/Shutterstock.com; p. 23 BondarchukPRO/Shutterstock.com; p. 25 Dorling Kindersley/Getty Images; p. 27 (main) GagliardiImages/Shutterstock.com; p. 27 (inset) MriMan/Shutterstock.com; p. 29 cyo bo/Shutterstock.com; p. 30 (magnet) VikiVector/Shutterstock.com; p. 30 (Earth) SE Top Vector Studio/Shutterstock.com.

Printed in the United States of America

CPSIA compliance information: Batch #CS18GS: For further information contact Gareth Stevens, New York, New York at 1-800-542-2595.

CONTENIDO

Una gran fuerza 4

Permanente, temporal 8

Del átomo en adelante 10

Un gran imán 14

Cambio de polos 16

Campo de seguridad 18

Dentro de la Tierra 20

Electromagnetismo 22

IRM 26

Imanes por doquier 28

Fundamentos del magnetismo 30

Glosario 31

Para más información 32

Índice 32

Las palabras del glosario se muestran en **negrita** la primera vez que aparecen en el texto.

UNA GRAN FUERZA

No vemos el magnetismo de la Tierra, pero sí podemos observar cómo funciona estudiando los imanes, los objetos que crean un campo magnético. Este campo es la zona que los rodea ¡y en la que influyen!

SI QUIERES SABER MÁS

Se sabe que hay **materiales** magnéticos desde el año 600 a. C.

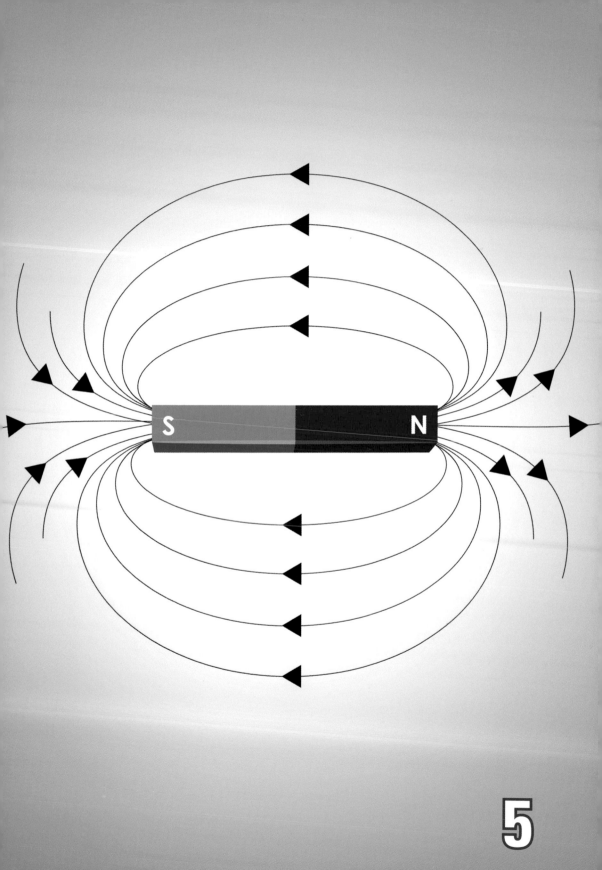

5

Todos los imanes ejercen fuerza sobre otros objetos magnéticos, a menudo sin tocarlos, y todos tienen un polo norte y un polo sur. Cuando dos polos iguales se encuentran, se **repelen**; cuando dos polos opuestos se encuentran, se **atraen**.

SI QUIERES SABER MÁS

¡Se le llama imán porque el magnetismo es una de sus **propiedades** básicas!

PERMANENTE, TEMPORAL

Los materiales que son siempre magnéticos se llaman *imanes permanentes*. Los materiales que, sin ser magnéticos, son atraídos por imanes cuando están cerca de ellos se denominan *imanes temporales*. Pero algunos imanes temporales ¡llegan a ser permanentes!

SI QUIERES SABER MÁS

Los imanes permanentes se llaman también *imanes duros*, los temporales se denominan *imanes blandos*.

9

DEL ÁTOMO
EN ADELANTE

El magnetismo empieza en los átomos, donde los electrones (**partículas** con carga negativa) giran sobre su **eje** y alrededor del **núcleo**, lo que origina un campo magnético. En la mayoría de los átomos, sin embargo, el campo magnético de un electrón se anula por el campo de otro electrón que se mueve en dirección contraria.

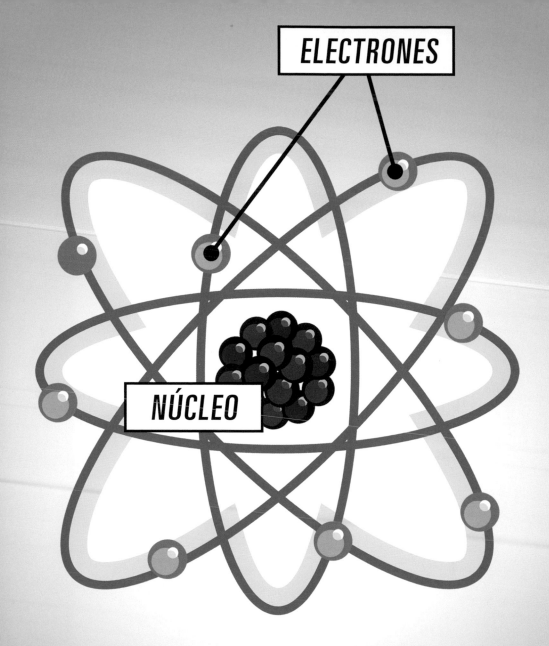

ELECTRONES

NÚCLEO

SI QUIERES SABER MÁS
La potencia de un imán se mide en
unidades llamadas gauss y teslas.
Un tesla equivale a 10,000 gauss.

11

A veces, los átomos tienen electrones de más, cuyos campos magnéticos no se anulan. Estos átomos se agrupan en dominios, zonas orientadas en distintas direcciones. Al entrar en un campo magnético, todos los dominios se orientan en la misma dirección ¡y la materia se magnetiza!

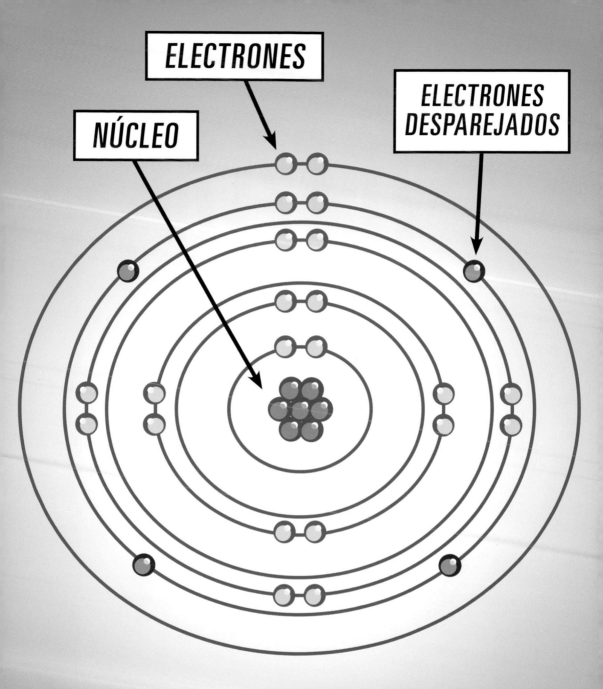

ELECTRONES

ELECTRONES DESPAREJADOS

NÚCLEO

SI QUIERES SABER MÁS

Cuantos más electrones desparejados tenga la materia, más se puede magnetizar. En el hierro, un material corriente para hacer imanes, ¡hay cuatro electrones sin pareja!

13

UN GRAN IMÁN

Todos los elementos tienen algún tipo de propiedad magnética, ¡hasta la Tierra! El magnetismo terrestre, en general débil, aumenta en los polos, ¡tanto que mueve las agujas de hierro de las **brújulas**!

SI QUIERES SABER MÁS

Los polos magnéticos terrestres están cerca de los **geográficos**, el polo norte y el polo sur, pero son distintos.

CAMBIO DE POLOS

En la historia de la Tierra,
los polos magnéticos se han
invertido cientos de veces,
lo que significa que
la brújula que hoy señala
el norte, ¡señalaría el sur si
los polos intercambiaran
su lugar! Sin embargo,
la inversión polar influye
poco en la vida terrestre.

SI QUIERES SABER MÁS

¡Los científicos siguen sin saber qué provoca
la inversión de los polos!

CAMPO DE SEGURIDAD

Como todos los imanes, la Tierra genera un campo magnético. Este la protege del viento solar, las partículas con carga despedidas por el Sol. Si no existiera este campo, el viento solar dañaría tanto la **atmósfera** terrestre ¡que la destruiría!

SI QUIERES SABER MÁS

Ciertas partículas del viento solar quedan atrapadas
en la atmósfera y, al encontrarse con otros átomos,
crean las luces y los colores que llamamos
aurora polar.

19

DENTRO DE
LA TIERRA

Se cree que la Tierra es un imán debido a la composición de su núcleo, donde el metal caliente y líquido del núcleo externo gira alrededor del metal sólido del núcleo interno. Esa corriente de metal genera electricidad, una fuerza ligada al magnetismo.

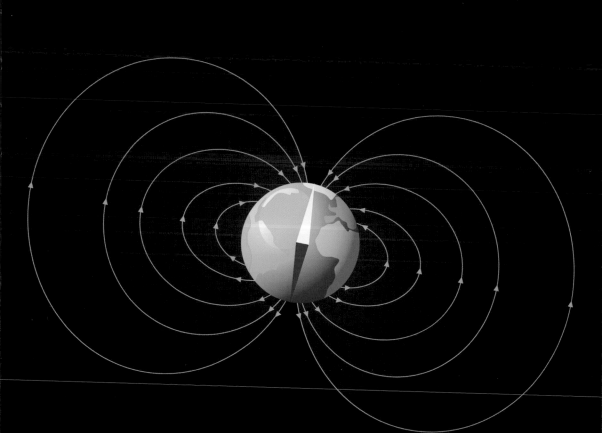

SI QUIERES SABER MÁS

La potencia de un campo magnético como el terrestre se muestra con líneas de fuerza. Estas pasan entre los polos por el exterior del campo.

ELECTROMAGNETISMO

Debido a la relación entre electricidad y magnetismo, ambas fuerzas se estudian como un fuerza única llamada *electromagnetismo*. Esa relación se debe en parte a que el movimiento de la corriente eléctrica, al igual que el de los electrones, crea un campo magnético.

SI QUIERES SABER MÁS

La corriente eléctrica consiste de muchas cargas eléctricas que se mueven juntas.

Incluso, las fuerzas magnéticas pueden afectar a las corrientes eléctricas. El cambio de un campo magnético cercano a una carga eléctrica provoca que la electricidad fluya, como a través de un cable. Y el campo magnético aumentará si hacemos una **bobina** con el cable.

SI QUIERES SABER MÁS

El electromagnetismo sirve para alimentar máquinas.

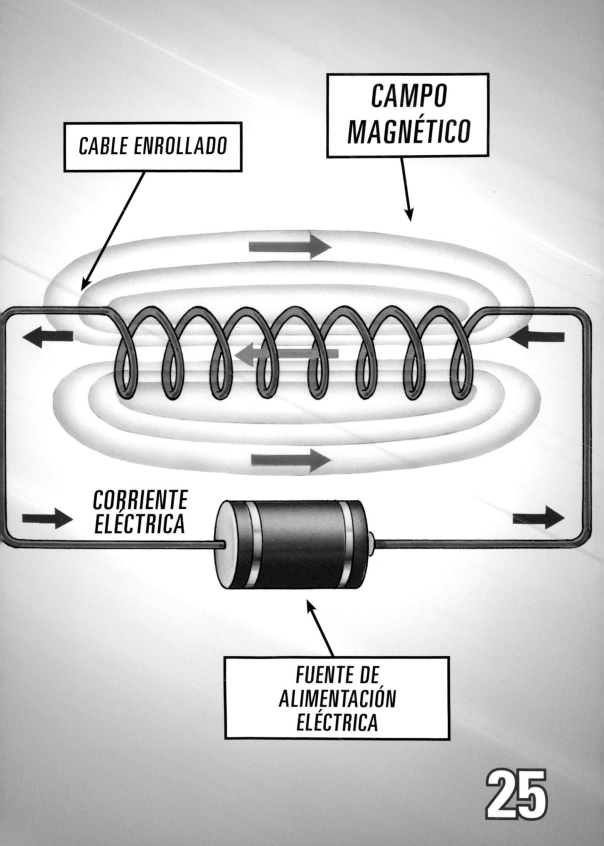

CABLE ENROLLADO

CAMPO MAGNÉTICO

CORRIENTE ELÉCTRICA

FUENTE DE ALIMENTACIÓN ELÉCTRICA

25

IRM

Desde la década de 1970, los médicos utilizan potentes imanes para ver el interior de nuestro cuerpo. La resonancia magnética (IRM) utiliza los campos magnéticos de un electroimán y de ondas de radio para generar imágenes de las partes corporales blandas, como el cerebro y el corazón.

SI QUIERES SABER MÁS

La fuerza del electroimán que se usa en
la IRM ¡es 60,000 veces mayor que el
campo magnético terrestre!

IMANES
POR DOQUIER

¡Los imanes sirven para
mucho más que simplemente
sujetar fotos en la nevera!
Desde tiempos inmemoriales
se utilizan para aliviar el
dolor, colocándolos en
los zapatos o el colchón.
También se usan en los
televisores, las computadoras
y hasta en los trenes.
¡El magnetismo nos rodea!

SI QUIERES SABER MÁS

Los trenes maglev usan electroimanes
que se repelen ¡para flotar
sobre la vía!

29

FUNDAMENTOS DEL
MAGNETISMO

Los imanes tienen campos magnéticos y dos polos. Los polos iguales se repelen, los opuestos se atraen.

Los electrones sin pareja agrupados en dominios magnetizan la materia cuando una fuerza magnética la afecta.

La Tierra es un imán. Su campo magnético la protege del viento solar.

El movimiento de la electricidad crea campos magnéticos; estos campos mueven corrientes eléctricas.

GLOSARIO

atmósfera: mezcla de gases que rodea la Tierra.

atraer: traer hacia sí.

bobina: rollo de hilo, cable, etc.

brújula: instrumento para hallar direcciones mediante una aguja imantada.

eje: línea imaginaria alrededor de la cual gira algo.

geográfico: relacionado con las características de la Tierra.

invertir: cambiar la posición de algo, sustituyéndolo por su contrario.

material: materia con la que se hace algo.

núcleo: parte central de un átomo y de la Tierra.

partícula: parte muy pequeña de algo.

propiedad: cualidad esencial.

repeler: apartar con fuerza.

PARA MÁS INFORMACIÓN

LIBROS

Gardner, Robert. *Easy Genius Science Projects with Electricity and Magnetism: Great Experiments and Ideas.* Berkeley Heights, NJ: Enslow Publishers, 2009.

James, Emily. *The Simple Science of Magnets.* North Mankato, MN: Capstone Press, 2018.

SITIOS DE INTERNET

Todo sobre el magnetismo de la Tierra.
easyscienceforkids.com/all-about-earths-magnetism/
Lee más y mira un vídeo acerca del magnetismo terrestre.

Experimentos científicos para niños —Magnetismo—
www.lovemyscience.com/cat_magnetic.html
Haz experimentos geniales para ver el magnetismo en acción.

Nota del editor para educadores y padres: nuestro personal especializado ha revisado cuidadosamente estos sitios web para asegurarse de que sean apropiados para los estudiantes. Muchos sitios web cambian con frecuencia, por lo que no podemos garantizar que posteriores contenidos que se suban a esas páginas cumplan con nuestros estándares de calidad y valor educativo. Tengan presente que se debe supervisar cuidadosamente a los estudiantes siempre que tengan acceso al Internet.

ÍNDICE

atmósfera, 18, 19
átomos, 10, 12, 19
aurora polar, 19
brújula, 14, 16
campo magnético, 4, 10, 12, 18, 21, 22, 24, 25, 26, 27, 30

dominios, 12, 30
electricidad, 20, 22, 24, 30
electromagnetismo, 22, 24
electrones, 10, 11, 12, 13, 22, 30

polos, 6, 14, 15, 16, 17, 21, 30
Tierra, 4, 14, 18, 19 20, 30
viento solar, 18, 19, 30